Criaturas rastreras

LAS TARÁNTULAS

MARTY GITLIN

BLACK RABBIT BOOKS

Bolt es una publicación de Black Rabbit Books
P.O. Box 3263, Mankato, Minnesota, 56002.
www.blackrabbitbooks.com

Marysa Storm, editora; Grant Gould, diseñador;
Omay Ayres, investigación fotográfica
Traducción de Travod, www.travod.com

Información del catálogo de publicaciones de la biblioteca del congreso
ISBN 978-1-62310-202-9

Impreso en los Estados Unidos de América

Créditos de las imágenes

Alamy: Razvan Cornel Constantin, 21 (pie); Dreamstime: Cathy Keifer, 4–5; Getty: up close with nature, 21 (medio); iStock: Luis Jimenez Benito, 17 (pie); PeopleImages, 29; quotesk.com: Unknown, 9 (pie); Science Source: Francesco Tomasinelli, 22–23 (superior), 28; Shutterstock: 3drenderings, 1; Aleksey Stemmer, 24 (araña); asawinimages, 19; Audrey Snider-Bell, Cover; CappaPhoto, 10–11, 31; CREATISTA, 22; davemhuntphotography, 6; Dirk Ercken, 18; DW Wright, 13; Eric Isselee, 28–29; Erik Lam, 24 (lagartija); Evgeniy Ayupov, 24 (insectos); Hyde Peranitti, 23; jeep2499, 24 (serpiente); Kaichankava Larysa, 27; Linn Currie, 9 (superior); Marcin Perkowski, 24 (pajaro); Mark_Kostich 16; Manekina Serafima, 14–15 (fondo), 26; Olhastock, 24 (rana); Rudmer Zwerver, 24 (ratón); Ryan M. Bolton, 3, 17 (superior); Torsten Dietrich, 32; Vector SpMan, 14–15 (silueta); wawritto, 21 (pie), 22–23 (pie)

Se ha hecho todo esfuerzo posible para establecer contacto con los titulares de los derechos de autor del material reproducido en este libro. Cualquier omisión será rectificada en impresiones posteriores previo aviso a la editorial.

CONTENIDO

CAPÍTULO 1

Conoce a la TARÁNTULA

Un hombre en una ladera de Texas descansa plácidamente. De pronto, tiene una sensación extraña. Abre bien los ojos y ve una tarántula caminando hacia él. Se acerca lentamente con sus patas peludas. Él grita, salta y huye.

El hombre no tenía de qué preocuparse. Las tarántulas dan miedo. Pero estas arañas son en realidad tímidas e inofensivas para los humanos.

COMPARACIÓN DE TAMAÑOS

Tarántula enana paloma

Tarántula mexicana de rodillas rojas

Tarántula tigre

tarántula goliat pajarera

pulgadas

Arañas grandes que dan miedo

Las tarántulas son las arañas más grandes del mundo. Hay cientos de clases de tarántulas. A menudo pesan de 1 a 3 onzas (28 a 85 gramos). Las tarántulas suelen ser de color marrón o negro. Todas tienen potentes mandíbulas y colmillos. Y las arañas son todas muy, muy peludas.

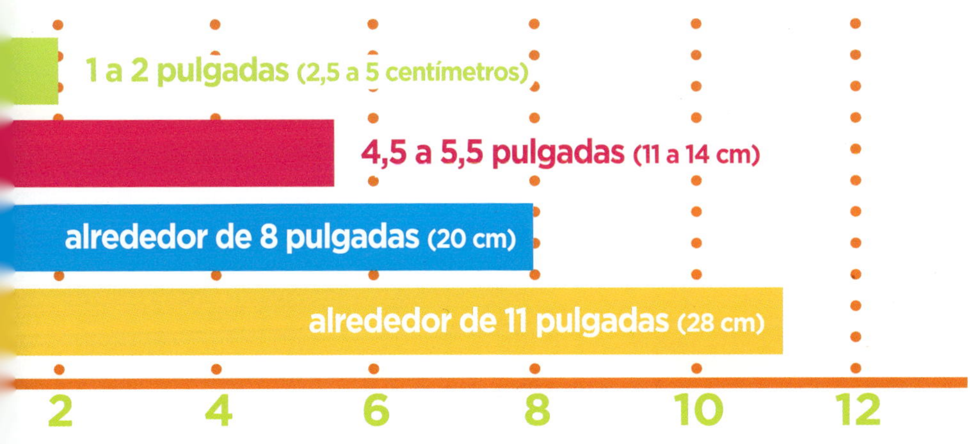

Patas peludas

Las tarántulas tienen garras en los extremos de sus patas. Las usan para escalar. Las patas peludas les ayudan a moverse en muchas superficies. Los pelos también les permiten sentir **vibraciones**. Estas arañas tienen ocho ojos, pero su sentido de la vista es muy malo. Las vibraciones que perciben a través de los pelos les avisan cuando otros animales están cerca.

Los ojos de la tarántula solo pueden percibir el movimiento, la luz y la oscuridad.

OJOS

CARACTERÍSTICAS DE LA TARÁNTULA

OJOS
COLMILLOS

DÓNDE VIVEN Y QUÉ COMEN

Las tarántulas viven en todo el mundo. Se arrastran por los desiertos y otras zonas cálidas. Muchas se pueden encontrar en los bosques de América del Sur. En el suroeste de los Estados Unidos, viven varios tipos de tarántulas.

MAPA DE DISTRIBUCIÓN DE LAS TARÁNTULAS

Las tarántulas viven en todos los continentes excepto en la Antártida.

Vida en soledad

Muchas tarántulas viven solas en **madrigueras**. Algunas usan madrigueras abandonadas por otros animales. Otras tarántulas viven debajo de rocas y troncos. Algunas incluso hacen sus hogares en los árboles. Estas arañas no hacen telas de seda, pero sí usan seda para hacer sus nidos.

Donde anidan las tarántulas

en madrigueras

debajo de rocas y troncos

en árboles

En busca de comida

Las tarántulas salen a comer por la noche. Esperan tranquilamente en la oscuridad para atacar a su **presa**. Las tarántulas comen mayormente insectos. Pero los tipos más grandes de tarántulas también se alimentan de ratones, serpientes, ranas pequeñas y sapos.

Los colmillos de la tarántula liberan veneno. Este tiene un químico que convierte la carne en papilla. Las arañas luego chupan su comida.

CAPÍTULO 3

VIDA FAMILIAR

Las tarántulas machos y hembras se encuentran para **aparearse**. Después del apareamiento, las hembras envuelven sus huevos en un saco de seda. Las hembras vigilan el saco. Después de la eclosión, las crías de tarántula crecen y mudan. Durante la muda, cambian sus capas exteriores. Las hembras cuidan de sus crías al principio. Las arañas jóvenes se van después de dos o tres semanas.

Las tarántulas hembras

a veces se comen a los machos después del apareamiento.

CICLO DE VIDA de la tarántula

Las tarántulas hembras ponen huevos y los protegen.

La mayoría de las tarántulas se desarrollan por completo en tres a 12 años.

Los huevos
eclosionan
después
de seis
a nueve
semanas.

Las crías de
tarántula mudan
y crecen.

Cadena alimentaria de la tarántula

Esta cadena alimentaria muestra qué seres comen tarántulas. También muestra lo que comen las tarántulas.

CAPÍTULO 4

Sus funciones en el mundo

Las tarántulas juegan un papel importante en el mundo, pues se comen muchas plagas. Además, bastantes animales comen tarántulas. Las arañas deben luchar para mantenerse con vida. Cuando son amenazadas, se alzan, mostrando sus colmillos. También lanzan sus pelos con púas a los atacantes. Los pelos **irritan** los ojos, la piel y los pulmones de los atacantes.

Tremendas tarántulas

Los humanos también son una amenaza para las tarántulas. Las personas que temen a estas arañas a menudo las matan. La **deforestación** amenaza a las tarántulas que viven en los árboles. Las tarántulas pierden sus casas. Algunas tarántulas están ahora **en peligro de extinción**.

Las tarántulas pueden dar miedo. Pero son importantes. Ayudan a mantener la cantidad de poblaciones de insectos controlada. También son comida para otros animales. La gente debe asegurarse de que estas increíbles criaturas no desaparezcan.

Hay un tipo de avispa que **paraliza** a las tarántulas. Pone huevos en las arañas. Luego los huevos eclosionan. Se comen a las arañas cuando aún viven.

¡CUESTIÓN DE NÚMEROS

hasta 1.000

CUÁNTOS HUEVOS PUEDE PONER LA TARÁNTULA HEMBRA POR VEZ

ALREDEDOR DE

25 años

CUÁNTO VIVEN LAS TARÁNTULAS HEMBRAS

1 pulgada (2,5 cm)

LONGITUD DE LOS COLMILLOS DE LA TARÁNTULA GOLIAT PAJARERA

1 MES

CUÁNTO TIEMPO PUEDEN ESTAR LAS TARÁNTULAS SIN COMER DESPUÉS DE UNA GRAN COMIDA

CANTIDAD DE ESPECIES DE TARÁNTULA

más de 850

GLOSARIO

aparearse: unirse para producir cría

deforestación: el acto o resultado de talar o quemar todos los árboles en un área

en peligro de extinción: cerca de extinguirse

irritar: hacer que duela o arda

madriguera: agujero en el suelo hecho por un animal para obtener refugio o protección

paralizar: hacer que alguien o algo no pueda moverse o no pueda sentir todo o parte de su cuerpo

presa: animal al que lo cazan o matan para comerlo

químico: sustancia que puede causar un cambio en otra sustancia

veneno: sustancia tóxica fabricada por animales utilizada para matar o herir

vibración: un movimiento rápido de un lado a otro

ÍNDICE